APPRENDIM[ENTO] AUTOMATICO IN AZIONE

UN'INTRODUZIONE PER PROFANI

ALAN T. NORMAN

Traduzione italiana Valeria Bragante

PERCHÉ HO SCRITTO QUESTO LIBRO?

Benvenuti nel mondo dell'apprendimento automatico!

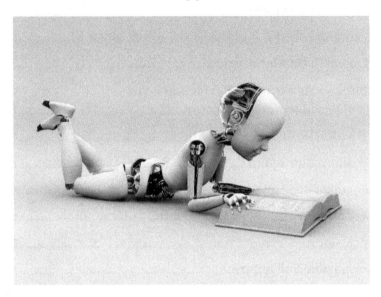

L'intelligenza artificiale è pronta a cambiare il corso della storia umana, forse più di qualsiasi altra tecnologia di sempre. Una grande parte di questa rivoluzione è l'apprendimento automatico.

L'apprendimento automatico è la scienza dell'insegnare ai computer a fare previsioni basate sui dati. A livello base, l'apprendimento automatico implica la fornitura di un insieme di dati ad un computer e la richiesta di effettuare una previsione. All'inizio, il computer fornirà molte previsioni sbagliate. Tuttavia, nel corso di migliaia di previsioni, il computer riorganizzerà il suo algoritmo per effettuare previsioni migliori.

Questo tipo di calcolo predittivo in passato era impossibile. I computer semplicemente non potevano archiviare dati sufficienti o elaborarli abbastanza velocemente per apprendere in modo efficace. Ora, ogni anno, i computer stanno diventando sempre più intelligenti ad un ritmo rapido. I progressi nella memorizzazione e nella potenza di elaborazione dei dati stanno spingendo questa tendenza verso macchine più intelligenti. Di conseguenza, oggi i computer stanno facendo cose impensabili solo un decennio o due fa.

L'apprendimento automatico sta già influenzando la tua vita quotidiana. Amazon utilizza l'apprendimento automatico per prevedere quali prodotti desideri acquistare. Gmail lo utilizza per filtrare i messaggi di spam dalla tua posta in arrivo. I tuoi consigli sui film su Netflix si basano su algoritmi di apprendimento automatico.

Tuttavia, gli impatti dell'apprendimento automatico non si fermano qui. Gli algoritmi dell'apprendimento automatico stanno facendo previsioni in tutti i tipi di settori, dall'agricoltura all'assistenza sanitaria. Inoltre, i suoi impatti saranno avvertiti in nuovi settori ed in nuovi modi ogni anno. Man mano che emergono queste nuove applicazioni dell'apprendimento automatico, le accetteremo gradualmente come parte della vita normale. Tuttavia, questa nuova dipendenza dalle macchine intelligenti è un punto di svolta nella storia della tecnologia e la tendenza sta solo accelerando.

In futuro, l'apprendimento automatico e l'intelligenza artificiale in genere guideranno l'automazione di molti compiti svolti oggi dagli esseri umani. Le auto a guida autonoma si basano sull'apprendimento automatico per il riconoscimento delle immagini e faranno sempre più parte del trasporto, così come i camion a guida autonoma ed altri veicoli per il trasporto di merci. Gran parte dell'agricoltura e della produzione è ora automatizzata, in modo che l'apprendimento automatico fornisca il cibo che consumiamo e i beni che utilizziamo. La tendenza verso l'automazione sta solo accelerando. Altre applicazioni di apprendimento automatico potrebbero cambiare radicalmente i lavori che gli esseri umani svolgono quotidianamente man mano che le macchine diventano più abili nella gestione dei processi e nel completamento del lavoro di conoscenza.

Poiché l'apprendimento automatico avrà un impatto così profondo sulla vita di tutti i giorni, è importante che tutti abbiano accesso alle informazioni su come funziona. Ecco perché ho scritto questo libro. L'attuale panorama delle informazioni sull'apprendimento automatico è frammentario.

Innanzitutto, ci sono spiegazioni per il grande pubblico che complicano i concetti. Queste spiegazioni fanno sembrare l'apprendimento automatico qualcosa che solo un esperto può capire.

In secondo luogo, ci sono i documenti tecnici scritti da esperti per esperti. Escludono il grande pubblico con il loro gergo e la loro complessità. Ovviamente, scrivere ed eseguire un algoritmo di apprendimento automatico è un'impresa tecnica enorme, e queste spiegazioni tecniche sono importanti. Tuttavia, c'è un buco nella letteratura attuale sull'apprendimento automatico.

Che dire del profano che vuole davvero capire questa rivoluzione tecnologica, non necessariamente per scrivere codici ma per avere una comprensione dei cambiamenti in atto intorno a lui? Comprendere i concetti chiave dell'apprendimento automatico non dovrebbe essere limitato a qualche elite tecnologica. Questi cambiamenti influenzeranno tutti noi. Hanno conseguenze etiche ed è importante che il pubblico sia a conoscenza di tutti i vantaggi e gli svantaggi dell'apprendimento automatico.

Ecco perché ho scritto questo libro. Se ti sembra interessante, spero che ti piacerà.

QUESTO LIBRO NON TRATTA DEGLI ALGORITMI DI APPRENDIMENTO AUTOMATICO DEI CODICI

Se quel manifesto di un'introduzione non fosse abbastanza chiaro: questo non è un libro sulla programmazione. Gli scienziati informatici non intendono imparare a creare algoritmi di apprendimento automatico.

Per prima cosa, non sono abbastanza qualificato per scrivere un libro del genere. Le persone trascorrono anni ad imparare le complessità della scrittura di algoritmi e reti di formazione. Esistono interi programmi di dottorato che esplorano i confini del settore, basandosi su algebra lineare e statistiche predittive. Se ti immergi nei dettagli dell'apprendimento automatico e lo ami abbastanza da ottenere un dottorato di ricerca, potresti facilmente riuscire a guadagnare $ 300k- $ 600k, lavorando per una grande azienda tecnologica. Ecco quanto sono rare e preziose queste abilità.

Io non ho queste qualifiche e penso che sia una buona cosa. Se hai acquistato questo libro, significa che sei un profano interessato all'apprendimento automatico. Probabilmente non sei un tecnico o, se lo sei, stai cercando un libro basico per iniziare con i concetti fondamentali. Come scrittore di tecnologia, imparo costantemente sulle tecnologie. Sono uno studente di apprendimento automatico e ricordo com'è essere un principiante. Posso riuscire a spiegare i concetti di base in modi facilmente comprensibili. Dopo aver letto questo libro, avrai una solida conoscenza dei principi fondamentali che ti aiuteranno a passare ad un libro più avanzato se vorrai saperne di più.

Detto questo, se ritieni di aver già capito i principi di base o desideri davvero un libro che possa insegnarti i principi fondamentali della scrittura e della formazione di un algoritmo di apprendimento automatico, probabilmente questo non è il libro che fa per te.

Un'introduzione Per I Profani

Il vero obiettivo di questo libro è quello di essere un'introduzione di facile lettura all'apprendimento automatico. Il mio obiettivo è quello di scrivere un libro che chiunque possa leggere, rimanendo fedele ai principi dell'apprendimento automatico senza semplificare troppo i concetti. Sono fiducioso nell'intelligenza dei miei lettori, e non credo che un libro per principianti debba necessariamente sacrificare complessità e sfumature. Detto questo, questo non è un grande libro, e non è per nulla completo. Chi è interessato all'argomento vorrà approfondire con altri libri e ricerche.

In questo libro, esamineremo i concetti di base e i tipi di apprendimento automatico. Indagheremo come funzionano. Quindi, esploreremo i problemi dei set di dati e la scrittura e formazione di un algoritmo. Infine, vedremo alcuni casi d'uso del mondo reale per l'apprendimento automatico e luoghi in cui l'apprendimento automatico potrebbe essere utilizzato in seguito.

Ancora una volta, benvenuto nell'apprendimento automatico. Allora tuffiamoci ...

Capitolo 1. Che cos'è l'apprendimento automatico?

L'obiettivo di questo primo capitolo è creare un quadro per il resto di ciò che leggerai in questo libro. Qui, definiremo i concetti di base che esploreremo in modo più dettagliato nei capitoli futuri. Questo libro si basa su se stesso e questo capitolo è la spina dorsale.

Detto questo, il punto logico per iniziare è definire cosa intendiamo quando parliamo di apprendimento automatico.

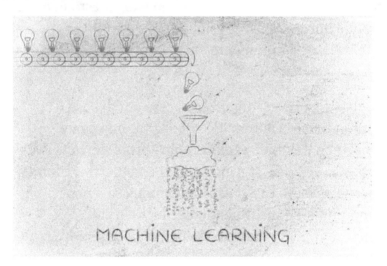

La mia semplice definizione è questa: l'apprendimento automatico consente ad un computer di imparare dall'esperienza.

Può sembrare banale, m questa definizione ha profonde implicazioni. Prima dell'apprendimento automatico, i computer non potevano imparare dall'esperienza. Invece, qualunque cosa il codice abbia detto è ciò che ha fatto il computer.

L'apprendimento automatico, nella sua spiegazione più semplice, implica consentire ad un computer di variare le sue risposte ed introdurre un circuito di feedback per risposte buone e cattive. Ciò significa che gli algoritmi di apprendimento automatico sono sostanzialmente diversi dai programmi per computer che li hanno preceduti. Comprendere la differenza tra la programmazione esplicita e la formazione degli algoritmi è il primo passo per vedere come l'apprendimento automatico cambia radicalmente l'informatica.

PROGRAMMAZIONE ESPLICITA VS. FORMAZIONE ALGORITMICA

Con alcune recenti eccezioni, quasi tutti i software che hai usato nella tua vita sono stati programmati esplicitamente. Ciò significa che alcuni esseri umani hanno scritto una serie di regole che il computer deve seguire. Tutto, dal sistema operativo del tuo computer, a Internet, alle app sul tuo telefono, ha un codice scritto da un essere umano. Senza gli umani che danno ad un computer una serie di regole per agire, il computer non sarebbe in grado di fare nulla.

La programmazione esplicita è ottima. È la spina dorsale di tutto ciò che attualmente facciamo con i computer. È ideale quando hai bisogno di un computer per gestire i dati, calcolare un valore o tenere traccia delle relazioni per te. La programmazione esplicita è molto potente, ma ha un collo di bottiglia: l'essere umano.

Questo diventa problematico quando vogliamo fare cose complesse con un computer, come chiedergli di riconoscere una foto di un gatto. Se dovessimo usare la programmazione esplicita per insegnare ad un computer cosa cercare in un gatto, passeremmo anni a scrivere un codice per ogni evenienza. E se non riesce a vedere tutte e quattro le gambe nella foto? E se il gatto ha un colore diverso? Il computer potrebbe individuare un gatto nero su uno sfondo nero o un gatto bianco nella neve?

Queste sono tutte cose che diamo per scontate come esseri umani. Il nostro cervello riconosce le cose rapidamente e facilmente in molti contesti. I computer non sono così bravi in questo, e ci vorrebbero milioni di righe di codice esplicito per dire ad un computer come identificare un gatto. In effetti, potrebbe non essere affatto possibile programmare esplicitamente un computer per identificare con precisione i gatti al 100%, poiché il contesto può sempre cambiare e confondere il codice.

È qui che entrano in gioco gli algoritmi. Con una programmazione esplicita stavamo cercando di dire al computer che cos'è un gatto e di tenere conto di ogni contingenza nel nostro codice. Al contrario, gli algoritmi di apprendimento automatico consentono al computer di scoprire cos'è un gatto.

Per iniziare, l'algoritmo potrebbe contenere alcune funzionalità chiave. Ad esempio, potremmo dire al computer di cercare quattro zampe e una coda. Quindi, alimentiamo l'algoritmo con molte immagini. Alcune delle immagini sono gatti, ma altre possono essere cani, alberi o immagini casuali. Quando l'algoritmo fa un'ipotesi, rafforzeremo le ipotesi corrette e daremo un feedback negativo per ipotesi errate.

Nel tempo, il computer utilizzerà l'algoritmo per creare il proprio modello di cosa cercare per identificare un gatto. I componenti nel modello del computer potrebbero essere cose a cui non abbiamo nemmeno pensato all'inizio. Con più rinforzi e migliaia di immagini, l'algoritmo diventerà gradualmente migliore nell'identificazione dei gatti. Potrebbe non raggiungere mai un'accuratezza del 100%, ma sarà abbastanza preciso da sostituire un'etichettatrice di immagini di gatti umani ed essere più efficiente.

Gli algoritmi sono linee guida ma non sono regole esplicite. Sono un nuovo modo di dire a un computer come affrontare un'attività. Introducono cicli di feedback che si auto-correggono nel corso di centinaia o migliaia di prove in un compito.

DEFINIZIONI: INTELLIGENZA ARTIFICIALE VS APPRENDIMENTO AUTOMATICO VS RETI NEURALI

Questo libro parla dell'apprendimento automatico, ma quel termine rientra in un contesto più ampio. Poiché l'apprendimento automatico sta diventando sempre più popolare, sta ricevendo molta copertura giornalistica. Nei loro articoli, i giornalisti usano spesso in modo intercambiabile i termini intelligenza artificiale, apprendimento automatico e reti neurali. Tuttavia, ci sono lievi differenze tra i tre termini.

Artificial Intelligence

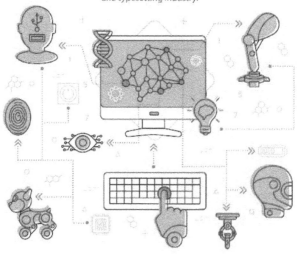

L'intelligenza artificiale è il più antico e il più ampio dei tre termini. Coniata a metà del secolo XX, l'intelligenza artificiale si riferisce ad ogni volta che una macchina osserva e risponde al suo ambiente. L'intelligenza artificiale è in contrasto con l'intelligenza naturale nell'uomo e negli animali. Nel tempo, tuttavia, l'ambito dell'intelligenza artificiale è cambiato. Ad esempio, il riconoscimento dei personaggi era una delle maggiori sfide per l'IA (Intelligenza Artificiale). Ora è una routine e non è più considerata parte dell'IA. Quando scopriamo nuovi usi dell' IA, li integriamo nel nostro quadro di riferimento per ciò che è normale e lo scopo dell' IA si estende a qualunque sia la prossima novità.

L'apprendimento automatico è un sottoinsieme specifico di IA. Abbiamo già dedicato del tempo a definirlo in questo capitolo, ma si riferisce a fornire ad una macchina un ciclo di feedback che gli consenta di imparare dall'esperienza. Come termine, l'apprendimento automatico esiste solo dagli anni '80. Solo di recente, negli ultimi 10-15 anni abbiamo avuto la potenza di elaborazione e archiviazione dei dati per iniziare davvero ad implementare l'apprendimento automatico su vasta scala.

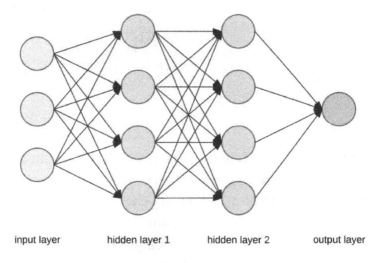

input layer   hidden layer 1   hidden layer 2   output layer

Le reti neurali sono un sottoinsieme dell'apprendimento automatico e al momento sono la tendenza più in voga del settore. Una rete neurale è composta da molti nodi che lavorano insieme per produrre una risposta. Ciascuno dei nodi più bassi ha una funzione specifica. Ad esempio, quando si guarda un'immagine, i nodi di basso livello potrebbero identificare colori o linee specifiche. I nodi successivi potrebbero raggruppare le linee in forme, misurare le distanze o cercare la densità del colore. Ciascuno di questi nodi viene quindi ponderato per il suo impatto sulla risposta finale. All'inizio, la rete neurale commetterà molti errori, ma nel corso di molte prove aggiornerà la ponderazione di ciascun nodo per migliorare la ricerca della risposta corretta.

Ora, quando leggerai un articolo sull'intelligenza artificiale, l'apprendimento automatico o le reti neurali, capirai la differenza. La chiave è rendersi conto che sono sottoinsiemi. Le reti neurali sono solo un tipo di apprendimento automatico che a sua volta è solo una parte dell'intelligenza artificiale.

CONCETTI DI BASE

L'apprendimento automatico può essere distribuito in molti casi d'uso. Finché ci sono dati significativi da analizzare, l'apprendimento automatico può aiutare a dargli un senso. Pertanto, ogni progetto di apprendimento automatico è diverso. Tuttavia, ci sono cinque parti principali di qualsiasi applicazione di apprendimento automatico:

1. IL PROBLEMA

L'apprendimento automatico è utile ovunque sia necessario riconoscere modelli e prevedere comportamenti basati su dati storici. Riconoscere i modelli potrebbe significare qualsiasi cosa, dal riconoscimento dei personaggi alla manutenzione predittiva, alla raccomandazione di prodotti ai clienti in base agli acquisti passati.

Tuttavia, il computer non comprende intrinsecamente i dati o il problema. Invece, un data scientist deve insegnare al computer cosa cercare usando un feedback adeguato. Se il data scientist non definisce bene il problema, anche il miglior algoritmo addestrato sul set di dati più grande non produrrà i risultati desiderati.

È chiaro che l'apprendimento automatico non è ancora adatto a ragionamenti simbolici di alto livello. Ad esempio, un algoritmo potrebbe essere in grado di identificare un cestino, uova colorate e un campo, ma non sarebbe in grado di dire che è una caccia alle uova di Pasqua, come farebbe la maggior parte degli esseri umani.

In genere, i progetti di apprendimento automatico presentano un problema specifico molto ristretto a cui stanno trovando una risposta. Un problema diverso richiederà un nuovo approccio e possibilmente un algoritmo diverso.

2. I DATI

L'apprendimento automatico è possibile su larga scala a causa della quantità di dati che abbiamo iniziato a raccogliere negli ultimi anni. Questa rivoluzione dei big data è la chiave che ha sbloccato la complessa formazione degli algoritmi. I dati sono al centro della messa a punto di un algoritmo di apprendimento automatico per dare la risposta giusta.

Poiché i dati sono così centrali per l'apprendimento automatico, i risultati sono un riflesso diretto degli input. Se i dati sono distorti, l'algoritmo dell'apprendimento automatico imparerà ad essere distorto. Ad esempio, i selezionatori del personale, le sentenze giudiziarie e le diagnosi mediche utilizzano tutti l'apprendimento automatico e tutti hanno un certo livello di pregiudizio culturale, di genere, di razza, educativo o di altro tipo incorporato nei set di dati che li addestrano.

La distorsione si estende oltre il pregiudizio nella raccolta dei dati. A volte i dati fuorviano un algoritmo in altri modi. Consideriamo il caso di un modello di apprendimento automatico militare addestrato a cercare carri armati mimetizzati in una foresta. I data scientist hanno addestrato l'algoritmo su una serie di immagini, alcune delle quali avevano carri armati sugli alberi e altre che avevano solo alberi. Dopo l'addestramento, il modello ha ottenuto un'accuratezza quasi perfetta sui test eseguiti dai data scientist. Tuttavia, quando il modello è entrato in produzione, non ha funzionato affatto per identificare i carri armati. Si scopre che nel set di dati di addestramento, le foto dei carri armati sono state scattate in una giornata di sole, mentre le foto solo della foresta sono state scattate in una giornata nuvolosa. L'algoritmo aveva imparato a identificare i giorni di sole rispetto a quelli nuvolosi, non i carri armati!

Nessun set di dati è perfetto, ma possiamo prendere precauzioni per renderlo meno distorto. Le precauzioni chiave provengono dalle statistiche. Quando possibile, i dati dovrebbero essere un campione casuale della popolazione target. La dimensione del campione dovrebbe essere abbastanza grande da poter trarre conclusioni significative dai risultati con un alto livello di confidenza. I dati devono essere accuratamente etichettati e ripuliti da punti di dati errati/periferici che potrebbero fuorviare l'algoritmo.

Abbiamo un intero capitolo successivo sui dati, dove esploreremo questi problemi in modo più approfondito.

3. GLI ALGORITMI

Gli algoritmi sono il componente principale a cui le persone pensano quando fanno riferimento all'apprendimento automatico. Questo è il codice reale che dice al computer cosa cercare e come regolare la sua ponderazione delle possibili risposte in base alle risposte che riceve.

Ci sono molti algoritmi di apprendimento automatico ben consolidati a questo punto. Molti di questi vengono pre-caricati nelle librerie di codifica di data science più diffuse. Creare un modello di apprendimento automatico di base è semplice come testare più algoritmi precreati per vedere quale si adatta meglio ai dati. Ogni modello ha i suoi punti di forza, debolezza, architettura e un approccio unico ai risultati di ponderazione.

Se sei un programmatore che legge questo libro e pensi di iniziare l'apprendimento automatico, non commettere l'errore di scrivere algoritmi da zero. Alla fine, sì, qualsiasi buon esperto di apprendimento automatico dovrà sapere come scrivere un algoritmo. Tuttavia, gli algoritmi standard stanno diventando standard di settore e funzionano nell'80% dei casi d'uso.

Scrivere un algoritmo da zero richiede notevoli capacità matematiche, teoriche e di programmazione. Avremo un intero capitolo sugli algoritmi e su come funzionano. Basti dire che gli algoritmi sono la chiave di un modello di apprendimento automatico funzionante.

4. L'ADDESTRAMENTO

L'addestramento di un algoritmo su un set di dati è il luogo in cui avviene la magia nell'apprendimento automatico. È la parte in cui la macchina impara davvero. È anche la parte in cui l'apprendimento automatico può diventare ad alta intensità di risorse. Se stai cercando di fare qualcosa di complesso o addestrare un algoritmo su un set di dati enorme, potrebbero essere necessari tempo e notevole potenza di elaborazione per ottenere i risultati desiderati.

Anche l'addestramento viene generalmente con rendimenti decrescenti. Per un determinato compito con una risposta sì/no, è possibile ottenere una precisione dell'80% con una piccola quantità di formazione. Per arrivare al 90% ci vorrebbe molto più tempo. Ancora il 95% in più, e ogni ulteriore percentuale di precisione del modello che desideri è la quantità maggiore di addestramento (e dati di addestramento) di cui avrai bisogno. Questa ottimizzazione dell'algoritmo per la precisione è una parte importante del lavoro di un data scientist.

In genere, l'addestramento sull'apprendimento automatico è statica, il che significa che non è possibile addestrare il modello in tempo reale. Ciò significa che il modello è in addestramento o in produzione. Con un maggiore utilizzo in produzione, il modello non migliora. Se vuoi migliorare il modello, dovrai riqualificarlo separatamente.

Tuttavia, è possibile addestrare dinamicamente un modello. Queste applicazioni sono molto più difficili e costose da implementare. Richiedono inoltre di monitorare costantemente in tempo reale dati che l'algoritmo sta ricevendo. Il lato positivo, ovviamente, è che il modello rimane sensibile ai dati in arrivo e non diventa obsoleto nel tempo.

Un'altra sfida è che durante la fase di addestramento, l'algoritmo cerca correlazione, non causalità. Un ottimo esempio di ciò è il rivelatore militare mimetico per carri armati che ho menzionato sopra. L'algoritmo ha scoperto che i giorni nuvolosi erano correlati all'ottenimento del risultato giusto. L'addestramento insegna all'algoritmo a cercare il giusto risultato, anche a spese delle giuste ragioni. Questo è interessante quando l'apprendimento automatico indica una variabile correlata ai risultati corretti che non avevamo mai pensato di cercare. È problematico quando quella correlazione risulta essere un falso positivo di qualche tipo.

Avremo anche un capitolo completo sull'addestramento degli algoritmi più avanti in questo libro. Questo capitolo è solo uno schema dei concetti di base per iniziare.

5. I RISULTATI

Il passaggio finale, spesso trascurato, dell'apprendimento automatico è presentare i risultati. L'obiettivo dell'apprendimento automatico è produrre dati utili per gli esseri umani. C'è molto lavoro che un data scientist deve fare per spiegare il contesto, il problema e la soluzione di un'applicazione di apprendimento automatico. Oltre a rispondere a come e perché il modello funziona, i data scientist devono anche presentare i risultati in un modo accessibile al pubblico finale.

Nel caso del filtro antispam di Gmail, ciò significa dimostrare il valore di riduzione dello spam del filtro di apprendimento automatico e creare un'integrazione per il modello nella piattaforma Gmail. Per i consigli sui prodotti Amazon, ciò significa testare i risultati del modello nel mondo reale.

Spesso, l'atto di preparare e utilizzare i risultati svelerà qualcosa che mancava nel modello originale. Pertanto, i progetti di apprendimento automatico sono spesso iterativi, aggiungendo più funzionalità e combinando vari modelli nel tempo per soddisfare le esigenze degli esseri umani nel mondo reale.

APPRENDIMENTO SUPERVISIONATO VS APPRENDIMENTO NON SUPERVISIONATO

L'apprendimento automatico può essere supervisionato, non supervisionato o semi-supervisionato. Le varie categorie dipendono dal tipo di dati e dai tuoi obiettivi su cosa fare con tali dati.

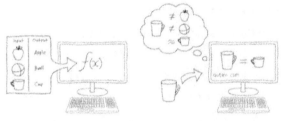

Supervised Machine Learning

The computer is given examples of inputs and typical outputs which is used to develop and refine an algorithm. The algorithm is applied to new data and the outcome is used for further reference. E.g. Training a computer to recognize and classify similar objects based on shape.

Unsupervised Machine Learning

Unsupervised machine learning is similar to learning without a teacher. The computer learns by exploring the data and finding structure and data patterns on its own. E.g. Learning to spot patterns in customer data based on purchasing behaviour.

APPRENDIMENTO SUPERVISIONATO

L'apprendimento supervisionato è l'approccio più comunemente usato e ben compreso all'apprendimento automatico. Implica un input e un output per ogni dato nel tuo set di dati. Ad esempio, un input potrebbe essere un'immagine e l'output potrebbe essere la risposta a "questo è un gatto?".

Con l'apprendimento supervisionato, l'algoritmo necessita di un set di dati di addestramento che è etichettato con le risposte corrette per apprendere. Quelle etichette agiscono come insegnanti che supervisionano l'apprendimento. Mentre l'algoritmo indovina se c'è un gatto nella figura, il feedback dell'insegnante (le etichette) aiuterà il modello a sintonizzarsi. Il modello interrompe l'apprendimento quando raggiunge un livello accettabile di accuratezza o esaurisce i dati di addestramento etichettati.

L'apprendimento supervisionato è ottimo per le attività in cui il modello deve prevedere i risultati. Questi problemi di previsione potrebbero comportare l'utilizzo di statistiche per indovinare un valore (ad esempio 20 kg, $ 1,49808 cm) o la classificazione dei dati in base a determinate classificazioni (ad es. "Gatto", "verde", "felice").

APPRENDIMENTO SENZA SUPERVISIONE

Usiamo il termine apprendimento non supervisionato quando il set di dati di addestramento non ha etichette con una risposta corretta. Invece, permettiamo all'algoritmo di trarre le proprie conclusioni confrontando i dati con se stesso. L'obiettivo è scoprire qualcosa sulla struttura sottostante o sulla distribuzione del set di dati.

L'apprendimento senza supervisione può essere utilizzato per problemi di clustering, in cui i dati dovrebbero essere organizzati in gruppi simili. Possiamo anche usarlo per problemi di associazione per scoprire quali variabili sono correlate tra loro.

APPRENDIMENTO SEMI SUPERVISIONATO

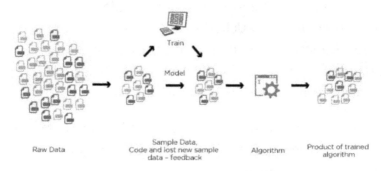

In molti casi, solo una parte del set di dati è etichettata ed è qui che entra in gioco l'apprendimento semi-strutturato. Quando la maggior parte del set di dati è senza etichetta, di solito a causa del costo di assunzione di esseri umani per etichettare i dati, possiamo ancora utilizzare una combinazione di tecniche supervisionate e non supervisionate per trarre conclusioni dai dati.

L'apprendimento senza supervisione può aiutarci con la struttura e la distribuzione del set di dati. Quindi, possiamo usare le poche etichette che abbiamo come dati di formazione supervisionata. Se utilizziamo tali dati sul resto del set di dati, potremmo potenzialmente utilizzare i risultati come dati di addestramento stessi per un nuovo modello.

QUALI PROBLEMI PUÒ RISOLVERE L'APPRENDIMENTO AUTOMATICO?

Diamo un'occhiata ad alcuni problemi di esempio che l'apprendimento automatico può affrontare:

- I clienti che hanno acquistato x, probabilmente compreranno y
- Rilevamento delle frodi basato su dati storici
- Previsioni del mercato azionario e trading automatizzato
- Identificazione delle malattie nelle immagini mediche
- Riconoscimento vocale per i comandi vocali
- Previsione delle valutazioni delle degustazioni in base ai dati sui vigneti e sul clima
- Predire i gusti nella musica o in spettacoli televisivi (Spotify, Netflix)
- Chimica combinatoria per creare nuovi prodotti farmaceutici
- Diagnostica di manutenzione dell'aeromobile
- Determinazione delle emozioni e incidenti crescenti nelle chiamate all'assistenza clienti

- Auto a guida autonoma (riconoscimento degli oggetti sulla strada)
- Riconoscimento facciale
- Marketing e pubblicità micro-mirati basati sulla demografia
- Previsioni meteorologiche basate su schemi passati

Fondamentalmente qualsiasi applicazione che comporta classificazione, previsione o rilevamento di anomalie basate su un set di dati di grandi dimensioni è un potenziale utilizzo per l'apprendimento automatico.

L'apprendimento automatico sta rapidamente entrando in ogni aspetto della nostra vita e nei prossimi anni sarà una tecnologia di base nella società, in qualche modo come Internet oggi.

LA SCATOLA NERA: CIÒ CHE NON SAPPIAMO SULL'APPRENDIMENTO AUTOMATICO

Se leggi qualcosa riguardo l'apprendimento automatico, in particolare le reti neurali e l'apprendimento profondo, probabilmente troverai riferimenti all'apprendimento automatico come modello di "scatola nera". Quando parliamo di scatole nere, intendiamo che i meccanismi interni del modello non sono esattamente chiari. Ad esempio, il cervello umano è un decisore della scatola nera (almeno in questo momento della storia). Sappiamo che alcune parti del cervello sono responsabili di alcune funzioni della vita. Tuttavia, non capiamo davvero come il cervello elabori input e invii segnali per creare pensieri e azioni (output).

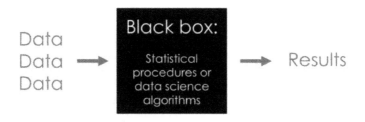

Una complessità simile si applica ad alcuni algoritmi di apprendimento automatico, in particolare quelli che coinvolgono più strati di nodi neurali o relazioni complesse tra molte variabili. Può essere difficile spiegare, in modo umano, cosa sta facendo l'algoritmo e perché funziona.

Naturalmente, questa terminologia della scatola nera è in qualche modo impropria se riferita all'apprendimento automatico. In effetti, possiamo comprendere l'architettura, i modelli e i pesi dei diversi nodi in un algoritmo. Quindi possiamo guardare dentro la scatola nera. Tuttavia, ciò che troviamo lì potrebbe non avere alcun senso razionale per noi come umani.

Nemmeno i maggiori esperti del mondo possono spiegare perché un modello di apprendimento automatico abbia ponderato e combinato vari fattori in questo modo, e in molti modi dipende fortemente dal set di dati su cui è stato addestrato il modello. È possibile che un algoritmo addestrato su un set di dati di addestramento diverso possa creare un modello completamente diverso che generi comunque risultati simili.

Per chiarire, è utile pensare agli algoritmi di apprendimento automatico (in scenari di apprendimento supervisionato) come alla ricerca di una funzione tale che f (input) = output. Quando utilizziamo l'apprendimento automatico per modellare quella funzione, la funzione è generalmente disordinata, complessa e potremmo non comprendere appieno tutte le proprietà rilevanti della funzione. L'apprendimento automatico ci consente di dire esattamente qual è la funzione, ma potremmo non essere in grado di comprendere cosa fa la funzione o perché lo fa.

In tal senso, i modelli di apprendimento automatico possono avere problemi di black box in cui sono troppo complessi per essere compresi. Ma l'intero campo dell'apprendimento automatico non è necessariamente una scatola nera.

Tuttavia, il fatto che a volte non riusciamo a capire né spiegare i risultati dell'apprendimento automatico è preoccupante. L'adozione di questa tecnologia sta crescendo e l'apprendimento automatico sta entrando in parti della nostra vita con conseguenze profonde e durature. Quando una scatola nera prevede i piani di cura per le malattie, esegue il pilota automatico di un aereo o determina le condanne al carcere, vogliamo essere sicuri di capire come vengono prese queste decisioni? O ci fidiamo delle macchine e degli scienziati dietro gli algoritmi per cercare i nostri migliori interessi?

Questo è un dibattito in corso al centro della rivoluzione dell'apprendimento automatico. Da un lato, la fiducia negli algoritmi e nei modelli potrebbe portare a salvare vite umane, maggiore prosperità e risultati scientifici. Tuttavia, il compromesso in termini di trasparenza è reale. Non saremo in grado di dire definitivamente perché le nostre previsioni siano corrette, solo che l'algoritmo ritiene che ci sia una probabilità del 97,2% che lo siano.

Non ho una risposta che possa risolvere perfettamente questo dibattito. Invece, dovrai formarti le tue opinioni sulla base dei vantaggi e degli svantaggi che vedi nell'apprendimento automatico in questo libro e in altre letture. Se sei interessato a questo problema, ti consiglio l'articolo "The Dark Secret at the Heart of AI" del MIT Technology Review (disponibile online) per iniziare a saperne di più.

ANDANDO PIÙ IN PROFONDITÀ

Si spera che questo capitolo abbia fornito una panoramica ampia e facile da digerire su come tutto combacia e cosa aspettarsi da ciascun capitolo componente. Nei capitoli seguenti approfondiremo i dettagli dell'apprendimento automatico.

Capitolo 2. Set di dati di pulizia, etichettatura e cura

Dopo che un data scientist ha definito un problema che vorrebbe risolvere, il primo passo in qualsiasi avventura di apprendimento automatico è trovare un set di dati con cui lavorare. Potrebbe essere più difficile di quanto sembri all'inizio. Mentre viviamo sicuramente nell'era dei big data, trovare dati puliti che siano ben etichettati per l'apprendimento supervisionato con le variabili necessarie potrebbe essere una sfida.

La scelta del set di dati giusto e la disponibilità di dati sufficienti per la formazione è fondamentale per il successo di un progetto di apprendimento automatico. I dati distorti o incompleti potrebbero portare alla creazione di un modello di apprendimento automatico distorto o assolutamente inutile.

La buona notizia è che ci sono molti potenziali dati là fuori. Di solito, quando un data scientist lavora in un ambiente aziendale, l'azienda avrà già alcuni dati che desidera analizzare. Questi dati aziendali potrebbero anche dover essere collegati a dati provenienti da fonti pubbliche.

Ad esempio, le immagini satellitari di Landsat vengono aggiornate quotidianamente su Amazon Web Services e puoi tracciare la costruzione o la deforestazione con un algoritmo di apprendimento automatico. La mappatura open source di OpenStreetMap potrebbe costituire la base di un problema di mappatura del cliente. Le informazioni dal censimento degli Stati Uniti possono fornire informazioni demografiche su un'area. Puoi trovare genomi umani sequenziati e disponibili per studiare le variazioni genetiche. Deutsche Bank pubblica dati sui mercati finanziari in tempo reale che consentirebbero un progetto di apprendimento automatico sulle tendenze del mercato.

Non mancano i potenziali progetti. Ma prima di utilizzare tutti questi dati, i data scientist devono essere sicuri che soddisfino alcuni criteri.

Pulizia Del Set Di Dati

Questo è abbastanza semplice, ma la mancata rimozione di valori errati influirà sulle prestazioni del modello. Il primo passaggio per la pulizia di un set di dati è la rimozione di tutti i record in cui mancano le variabili chiave. Quindi, semplici metodi statistici aiutano i ricercatori a identificare e rimuovere i valori anomali. Altre informazioni che i data scientist spesso rimuovono includono ogni volta colonne multiple che sono altamente correlate. Inoltre, cercano variabili in cui l'intero set di dati mostra una varianza vicina allo zero.

Questa pulizia dei dati può spesso ridurre un set di dati di grandi dimensioni fino ad una frazione della sua dimensione originale che è effettivamente utilizzabile per l'apprendimento automatico.

SONO NECESSARI SET DI DATI MOLTO GRANDI PER ML (MACHINE LEARNING = APPRENDIMENTO AUTOMATICO)

Alcuni semplici algoritmi possono apprendere su un piccolo set di dati. Tuttavia, se hai un problema complesso che vuoi risolvere con l'apprendimento automatico, avrai bisogno di un set di dati di addestramento di grandi dimensioni. Ci sono alcuni motivi per cui ciò si verifica.

Piccoli set di dati possono funzionare correttamente per l'apprendimento automatico quando si utilizza un modello a bassa complessità. Tuttavia, più vuoi che i tuoi risultati abbiano diverse sfumature, maggiore è la probabilità che tu modifichi il modello con i dati. L'overfitting è quando il modello fa ipotesi generali basate su dati limitati. Si chiama overfitting perché il modello si inclinerà verso punti dati alti, bassi o altrimenti periferici. La vera risposta potrebbe essere più vicina alla metà, ma poiché il set di dati era limitato, il modello influenzerà il messaggio e a formazione dei noise data. In sostanza, il modello ha imparato troppo bene i dati di addestramento e non è riuscito ad ottenere un quadro generale.

Con più dati, il modello può ottenere medie più precise e iniziare a ordinare il rumore. Ciò ha un senso intuitivo, ma in che modo i data scientist decidono quanti dati sono sufficienti?

Bene, quella risposta è parte delle statistiche e parte delle risorse informatiche disponibili. Dipende anche dalla complessità dell'algoritmo.

CURVE DI APPRENDIMENTO

Quando i data scientist hanno troppi dati, usano qualcosa chiamato curva di apprendimento per tracciare l'accuratezza della previsione rispetto alle dimensioni del set di addestramento. Ad esempio, l'algoritmo può raggiungere una precisione dell'80% dopo 100 campioni di addestramento e una precisione del 90% dopo 200 campioni. I data scientist possono continuare lungo quella curva per vedere dove si raggiunge il massimo dell'accuratezza e quanti campioni di addestramento saranno necessari per arrivarci.

CONVALIDA INCROCIATA

Un'altra considerazione sulla disponibilità di dati sufficienti è la convalida incrociata. Oltre ai dati di addestramento, i data scientist hanno messo da parte alcuni set di dati originali per verificare se l'algoritmo ha esito positivo. Ad esempio, uno schema comune è la convalida incrociata 10 volte. Il set di dati originale viene suddiviso in 10 gruppi uguali. Un gruppo viene messo da parte e i data scientist addestrano il modello utilizzando i restanti nove gruppi. Quindi, quando l'addestramento del modello è completo, eseguono il modello sui dati messi da parte per testare con precisione le prestazioni.

La convalida incrociata richiede più tempo perché è necessario addestrare i modelli e quindi eseguirli, spesso confrontando più algoritmi per vedere quale funziona meglio. Tuttavia, ne vale la pena. La convalida incrociata è essenziale per costruire un modello di apprendimento automatico di successo, poiché consente ai ricercatori di identificare e correggere gli errori nelle prime fasi del processo.

È Necessaria Un'etichettatura Corretta

Per l'apprendimento senza supervisione, è sufficiente un buon set di dati di grandi dimensioni. Da lì, puoi trarre alcune conclusioni su tendenze o cluster nei dati. Tuttavia, le applicazioni di apprendimento senza supervisione sono limitate nei tipi di conclusioni che possono trarre. Per la maggior parte delle applicazioni di apprendimento automatico in cui si desidera utilizzare le variabili di input per prevedere un risultato, è necessario eseguire l'apprendimento supervisionato.

L'apprendimento supervisionato richiede un set di dati etichettato con le risposte corrette. Un modo semplice di pensarci è che l'algoritmo farà un'ipotesi e quindi utilizzerà l'etichetta per verificare la sua risposta. Se ottiene la risposta corretta, l'algoritmo sa aumentare il peso che dà ai fattori che hanno contribuito alla risposta giusta. Se la risposta non è corretta, l'algoritmo diminuirà o regolerà in altro modo il peso che attribuisce ai fattori che hanno prodotto la risposta sbagliata.

Naturalmente, la sfida è che la maggior parte dei dati non è etichettata. Le aziende e i governi raccolgono un'enorme quantità di dati ogni anno, ma questi dati non arrivano opportunamente insieme alle risposte. (Se così fosse, non ci sarebbe molto da usare per l'apprendimento automatico o le statistiche predittive!) Prima di poter addestrare un algoritmo di apprendimento supervisionato, è necessario aggiungere etichette ai dati grezzi per renderlo utile.

Ad esempio, un algoritmo potrebbe funzionare in computer vision e ne abbiamo bisogno per identificare correttamente i segnali di stop. Potremmo avere un sacco di immagini, ma dobbiamo esaminare ed etichettare se c'è un segnale di stop in ciascuna delle immagini.

Etichettare i dati può essere una delle parti più costose e dispendiose in termini di addestramento di un algoritmo di apprendimento automatico. Si rischia inoltre che un'etichettatura scadente o imprecisa possa introdurre distorsioni nel set di dati di addestramento e compromettere l'intero progetto.

Se i dati non hanno già etichette, in genere ci sono due modi in cui possiamo aggiungere quelle etichette.

DATI CON ETICHETTA UMANA

Spesso, utilizziamo l'apprendimento automatico per insegnare ai computer a svolgere compiti in cui noi umani siamo intuitivamente bravi. Il segnale di stop è un buon esempio. Quando vediamo una forma ottagonale rossa con STOP, sappiamo cosa stiamo guardando. Il nostro cervello è bravo a capire il contesto. Anche se non riusciamo a vedere l'intero segnale, se ha sopra dei graffiti o è in una strana angolazione, possiamo ancora identificare un segnale di stop quando ne vediamo uno. Le macchine non possono farlo intuitivamente.

Come tale, spesso il modo migliore per etichettare i set di dati è che lo facciano gli esseri umani. I data scientist impiegano persone reali per esaminare set di dati e fare il lavoro che alla fine il computer imparerà a fare. Potrebbe essere identificare segnali di stop nelle foto, stimare le distanze, leggere parole, riconoscere espressioni facciali, interpretare mappe o persino esprimere giudizi estetici o etici. C'è un dibattito in atto sul fatto che l'etichettatura dei dati potrebbe essere il nuovo lavoro dell'era dell'intelligenza artificiale. La richiesta di etichettatori sarà così grande come ogni nuova applicazione Apprendimento Automatico richiede un set di dati di addestramento.

Gli etichettatori umani sono bravissimi in questi compiti. Tuttavia, rispetto ai computer, sono lenti. Anche pagare persone reali per etichettare i dati è costoso, in modo proibitivo per alcuni casi d'uso. Come abbiamo già spiegato, gli esseri umani sono anche di parte. Se un etichettatore o un gruppo di etichettatori ha un pregiudizio, allora tale pregiudizio apparirà probabilmente nel modello finale.

Un'ulteriore considerazione è che a volte gli esseri umani non sono così bravi ad etichettare. Potrebbero giudicare male o saltare alle conclusioni. Come esseri umani, siamo troppo sicuri delle nostre opinioni, a volte a spese della verità oggettiva. Quando implementiamo l'apprendimento automatico in casi d'uso più sfumati, queste sono tutte considerazioni di cui dobbiamo tenere conto.

Detto questo, gli esseri umani sono ancora i migliori etichettatori di dati che abbiamo. Tuttavia, ora ci sono tentativi di convincere i computer a prendere parte anche alla parte relativa alle etichette dell'apprendimento automatico.

Dati Sintetici

I dati sintetici sono un campo emergente nell'apprendimento automatico. L'idea di base è quella di utilizzare un computer per generare da zero insiemi di dati etichettati.

Prendi il nostro problema con il segnale di stop, ad esempio. Potremmo modellare un segnale di stop in un ambiente di Computer Grafica 3D. Quindi, potremmo rendere le immagini di quel segnale di stop computer grafica in diversi sfondi, angoli e condizioni di illuminazione. Il set di dati risultante avrebbe una vasta gamma di variazioni che potremmo controllare. Sarebbe già etichettato in base alla presenza del segnale di stop nell'immagine renderizzata.

Questo approccio è entusiasmante perché ci consente di creare set di dati complessi molto rapidamente. Vengono pre-etichettati e formattati per essere inseriti in un algoritmo. Sappiamo anche che le etichette sono oggettivamente corrette. Siamo in grado di misurare varie variabili nel set di dati sintetico con elevata precisione.

Naturalmente, ci sono anche degli svantaggi. La più grande sfida è il trasferimento del dominio. Questi rendering di immagini e altri tipi di dati sintetici devono essere fedeli al mondo reale. In definitiva, l'obiettivo è far funzionare il modello di apprendimento automatico nel mondo reale. Il timore è che, se lo addestriamo su dati generati dal computer, il modello potrebbe essere bravo a riconoscere i segnali di stop renderizzati, ma non quelli reali. La risoluzione di questi problemi di fedeltà e trasferimento dei domini rappresenta una grande sfida per i sostenitori dei dati sintetici.

I dati sintetici potrebbero non essere necessariamente più economici dei dati con etichetta umana. La creazione di un set di dati sintetico richiede un elevato livello di competenza. Il pagamento di tali esperti comporterebbe un investimento significativo in anticipo. Tale approccio probabilmente ha senso solo quando sono necessari migliaia di punti dati, poiché un evento di generazione di dati sintetici può scalare molto più facilmente rispetto ai dati con etichetta umana.

Infine, i dati sintetici non possono aiutare con etichette intrinsecamente umane, come l'estetica o l'etica. Alla fine, probabilmente finiremo con una combinazione di dati sintetici ed etichettati per l'apprendimento supervisionato.

Capitolo 3. Scelta o scrittura di un algoritmo di apprendimento automatico

Questo capitolo potrebbe diventare molto disordinato e confuso molto rapidamente. Questo perché gli algoritmi di apprendimento automatico si basano su statistiche e matematica complesse per guidare i loro risultati. Per comprendere veramente gli algoritmi di Apprendimento Automatico che vorresti studiare apprendimento supervisionato/non supervisionato, analisi dei dati topologici, metodi di ottimizzazione, strategie di riduzione della dimensionalità, geometria differenziale computazionale ed equazioni differenziali. Dato che questo è un libro per principianti, tuttavia, e non sono affatto un esperto di algoritmi di Apprendimento Automatico, eviterò la matematica e farò del mio meglio per spiegarli semplicemente.

Esistono interi programmi di dottorato in materia di algoritmi di apprendimento automatico. Potresti passare anni a diventare un esperto in questo campo, quindi non è possibile che io possa spiegare tutto in un capitolo del libro. Detto questo, se il contenuto di questo capitolo ti interessa, conseguire un dottorato di ricerca in apprendimento automatico ti potrebbe ripagare alla grande. Le aziende tecnologiche stanno cercando dottorandi e offrendo loro stipendi da $ 300.000 a $

600.000 per scrivere gli algoritmi per le più recenti e migliori applicazioni di apprendimento automatico.

Non ho un dottorato di ricerca in apprendimento automatico e, se stai leggendo questo libro, probabilmente sei un principiante in questi concetti, comunque. Quindi, diamo un'occhiata alle funzioni più elementari di un algoritmo di apprendimento automatico, senza entrare nella matematica.

Concetti Base

Abbiamo già trattato i fondamenti di come funziona l'apprendimento automatico. Ora, scaviamo un po' più a fondo in cosa fa esattamente un algoritmo con i dati. Ogni algoritmo è diverso, ma ci sono alcuni punti in comune:

- Input: tutti gli algoritmi richiedono una sorta di dati di input. Nelle applicazioni di data science questi potrebbero essere piccoli quanto una singola variabile. Più probabilmente, tuttavia, il modello apprenderà la relazione tra decine, centinaia o persino migliaia di variabili in qualsiasi momento.
  Per applicazioni più complesse, come la visione artificiale, abbiamo bisogno di modi per trasformare le informazioni visive in variabili comprensibili al computer. Esistono approcci diversi a seconda del contesto e del problema che si sta tentando di risolvere. Inutile dire che

anche l'inserimento di dati in un algoritmo può essere complicato, prima ancora che la macchina esegua qualsiasi apprendimento.

La scelta o la creazione di un algoritmo dipende in larga misura dai dati che devi alimentare e dal contesto.

- Vettori di output: alla fine di qualsiasi progetto di apprendimento automatico, si desidera un tipo di output. Tuttavia, non è sempre chiaro esattamente quali dati sono necessari per soddisfare il progetto. La scelta dei vettori di output può essere più complicata di quanto sembri inizialmente.

  Naturalmente, per molti progetti l'output sarà ovvio a seconda degli obiettivi. Tuttavia, poiché l'apprendimento automatico entra in aree più sfumate e ambigue, scegliere e coordinare i risultati può essere un compito a parte. Non puoi scegliere l'algoritmo giusto per il tuo progetto se non hai un'idea chiara del risultato atteso.

- Regolazione: gli algoritmi di apprendimento automatico utilizzano circuiti di feedback per adattare un modello ai dati. Questo può accadere in diversi modi. A volte un algoritmo proverà una combinazione casuale di fattori fino a quando uno non inizierà a funzionare e tale combinazione riceverà un peso maggiore nei test di addestramento futuri. Altre volte, l'algoritmo ha un metodo incorporato per trovare e adattare una tendenza nei dati che si sintonizza gradualmente nel tempo.

È qui che i data scientist devono stare attenti. A volte un algoritmo impara ad adattarsi troppo bene ai suoi dati di addestramento. Vale a dire, il modello è diventato troppo specifico per i dati su cui è stato addestrato e non prevede più le tendenze generali o le classificazioni nel mondo reale. In sostanza, l'algoritmo ha imparato troppo bene i suoi dati di addestramento. Questo si chiama "overfitting" ed è un concetto importante da capire nell'apprendimento automatico. Quando i data scientist addestrano i modelli, devono assicurarsi che i loro modelli seguano una linea sottile tra fare previsioni specifiche ed essere generalmente precisi.

I data scientist impiegano molto tempo a pensare e ad adattare i propri algoritmi per mitigare l'overfitting. Tuttavia, testano anche più algoritmi contemporaneamente per vedere quali funzionano meglio dopo l'addestramento.

Una parte fondamentale della scelta o della scrittura di un algoritmo è capire come l'algoritmo si adatta nel tempo in risposta ai dati di addestramento. Questi circuiti di feedback sono spesso i punti in cui la matematica complessa entra in gioco per aiutare l'algoritmo a decidere quali fattori hanno contribuito al suo successo e dovrebbero quindi essere maggiormente ponderati. Aiutano anche l'algoritmo a determinare quanto aumentare o diminuire il peso di un fattore che contribuisce.

TIPI DI ALGORITMI POPOLARI

Bene, quindi abbiamo illustrato una panoramica generale di come funziona un algoritmo. Diamo un'occhiata ad alcuni di quelli più popolari per ottenere dettagli più specifici su come ciascuno funziona.

REGRESSIONE LINEARE

Questo è un semplice algoritmo che si basa su concetti insegnati nella maggior parte delle lezioni di Statistica 101. La regressione lineare è la sfida di adattare una linea retta ad una serie di punti. Questa linea tenta di prevedere l'andamento generale di un set di dati e puoi utilizzare la linea per fare una previsione di probabilità per nuovi punti dati.

Esistono diversi approcci alla regressione lineare, ma ognuno al suo interno si concentra sulla ricerca dell'equazione di una linea retta che si adatta ai dati di addestramento. Man mano che aggiungi più dati di addestramento, la linea si regola per ridurre al minimo la distanza da tutti i punti dati. Pertanto, la regressione lineare funziona meglio su set di dati molto grandi.

Questo è un tipo di algoritmo abbastanza semplice, ma una delle massime fondamentali dell'apprendimento automatico è non usare un algoritmo complesso dove un algoritmo semplice funziona altrettanto bene.

REGRESSIONE LOGISTICA

Se la regressione lineare era una linea retta su un piano 2D, la regressione logistica è suo fratello maggiore che utilizza linee curve su un'area multidimensionale. È molto più potente della regressione lineare, ma è anche più complessa.

La regressione logistica può gestire più di una variabile esplicativa. È un algoritmo di classificazione e i suoi output sono binari (una scala da 0 a 1). Di conseguenza, modella la probabilità (ad es. ".887"o".051") che l'input fa parte di una classificazione data. Se lo applichi a diverse classificazioni, otterrai la probabilità del punto dati appartenente a ciascuna classe. La mappatura di queste probabilità fornisce una curva multi-planare non lineare nota come "sigmoide". Regressione logistica l'algoritmo più semplice per applicazioni non lineari.

ALBERI DECISIONALI

Se hai visto un diagramma di flusso, allora comprendi l'idea di base che sta dietro un albero decisionale. L'albero stabilisce una serie di criteri, se il primo criterio è un "sì", l'algoritmo si sposta lungo l'albero nella direzione sì. Se è un "no", l'algoritmo si sposta nella direzione opposta. Gli algoritmi dell'albero decisionale mettono a punto i criteri e le possibili risposte fino a quando non danno una buona risposta in modo coerente.

Nell'apprendimento automatico moderno, è raro vedere un singolo albero decisionale. Invece, spesso vengono incorporati contemporaneamente con altri alberi per creare algoritmi decisionali efficienti.

FORESTA CASUALE

La foresta casuale è un tipo di algoritmo che combina più alberi decisionali. Introduce il concetto di "weak learner" (discente debole) nell'algoritmo. Fondamentalmente, un weak learner è un predittore che opera male da solo, ma se usato in concerto con altri weak learners, la saggezza della folla produce un buon risultato.

Gli alberi decisionali implementati casualmente sono i weak learners in una foresta casuale. Ogni albero decisionale apprende come parte dell'implementazione dell'algoritmo. Tuttavia, un predittore forte globale sta anche imparando a combinare i risultati dei vari alberi.

K-MEANS CLUSTERING

Questo è un algoritmo di apprendimento senza supervisione che cerca di raggruppare i dati in k numero di cluster. Sebbene non sia supervisionato, il data scientist deve fornire indicazioni all'inizio. Stabiliranno immagini o punti dati che dovrebbero essere al centro di ciascun cluster. In altre parole, punti dati che sono archetipi di ciò che rappresenta il cluster. Nel corso dell'addestramento, tutte le immagini o i punti dati vengono associati al cluster a cui sono più vicini. Alla fine, questi punti dati convergono con i loro cluster appropriati.

Esistono altri metodi più veloci o più ottimizzati per il clustering senza supervisione. Tuttavia, l'algoritmo K-means clustering mantiene la sua popolarità perché è ben consolidato, documentato e generalmente efficace.

K-Nearest Neighbors (KNN)

K-Nearby Neighbours (KNN) è un algoritmo di classificazione. Condivide alcune somiglianze con il clustering di K-Means, ma è fondamentalmente diverso perché è un algoritmo di apprendimento supervisionato mentre K-Means non è supervisionato. Da qui la leggera differenza nella terminologia dal raggruppamento alla classificazione. KNN viene addestrato utilizzando i dati etichettati in modo da poter etichettare i dati futuri. L'algoritmo K-Means può solo tentare di raggruppare punti dati insieme.

KNN confronta i nuovi punti dati con i punti dati esistenti dal set di dati di addestramento etichettato. Quindi cerca i "closest neighbors" ai nuovi dati e associa tali etichette.

Analisi Dei Componenti Principali (PCA)

L'analisi dei componenti principali (PCA) riduce un set di dati fino ai suoi trend principali. È un algoritmo senza supervisione che useresti in un set di dati molto grande per comprendere i dati in termini più semplici. Riduce le dimensioni dei tuoi dati. Tuttavia, si concentra anche sulla grande varianza tra le dimensioni (o i componenti principali) in modo da non perdere il comportamento del set di dati originale.

Cosa Serve Per Scrivere Un Nuovo Algoritmo

Abbiamo trattato alcuni dei principali algoritmi e ce ne sono molti altri che costituiscono il nucleo della teoria dell'apprendimento automatico. Al di là di questi algoritmi di base, tuttavia, è raro che qualcuno inventi qualcosa di veramente nuovo. In genere, i nuovi algoritmi sono miglioramenti rispetto alle teorie esistenti. In alternativa, personalizzano un algoritmo da utilizzare in un nuovo scenario.

Parte del motivo per cui i nuovi algoritmi raramente vengono inventati è perché è davvero difficile. La creazione di un algoritmo richiede una conoscenza approfondita della matematica complessa. Richiede inoltre prove e test approfonditi. Inoltre, sono già stati inventati gli algoritmi di sospensione e ovvi.

Ma non è tutto. I buoni algoritmi sono sia efficaci che efficienti, una combinazione complicata da definire. L'apprendimento automatico è un problema computazionale con migliaia di punti dati tanto quanto un problema matematico. Gli algoritmi di debug possono anche essere molto difficili poiché non è semplice individuare dove le cose sono andate male.

Ove possibile, un progetto di apprendimento automatico dovrebbe applicare gli algoritmi esistenti già testati e revisionati. Codificare i propri algoritmi da zero o mettere insieme un approccio ibrido è sconsigliato perché può introdurre errori, rallentare i risultati o essere difettoso.

A volte, sviluppatori e data scientist dovranno modificare o implementare un algoritmo esistente in un nuovo contesto. O forse un algoritmo esistente non è abbastanza veloce per un'applicazione desiderata. Tuttavia, la maggior parte delle applicazioni di apprendimento automatico può utilizzare efficacemente gli algoritmi e le librerie esistenti senza dover ricorrere al codice da zero.

Capitolo 4. Formazione e distribuzione di un algoritmo

Questo è il passaggio in cui avviene l'apprendimento automatico effettivo. Dopo aver preparato il set di dati, i data scientist selezionano diversi algoritmi simili che ritengono possano funzionare per svolgere il compito assegnato. Ora, la sfida è quella di addestrare quegli algoritmi sul set di dati e confrontare i risultati.

Spesso, può essere difficile dire quale algoritmo funzionerà meglio per un'applicazione di apprendimento automatico prima di iniziare. Per questo motivo, la migliore pratica è quella di addestrare inizialmente più algoritmi, selezionarne uno o alcuni con le migliori prestazioni, quindi ottimizzare tali algoritmi fino ad ottenere un modello che funzioni meglio per le proprie esigenze.

Quando diciamo "meglio" ciò potrebbe significare più cose. Certo, vogliamo che il modello faccia previsioni accurate, quindi l'accuratezza è una componente importante. Tuttavia, se il modello richiede risorse o tempo per ottenere tali risultati, potrebbe essere più sensato scegliere un algoritmo più semplice. Otterremo risultati leggermente meno precisi, ma arriveranno molto più rapidamente.

Programmazione Coinvolta

L'apprendimento automatico si trova all'intersezione tra statistica, calcolo e informatica. Dato che abbiamo a che fare con le macchine, dovremo naturalmente scrivere le istruzioni di apprendimento automatico in un linguaggio di programmazione. Con la crescita dell'interesse per l'apprendimento automatico, sta rapidamente diventando un'enorme area di crescita per i nuovi sviluppatori di software. Le competenze nell'apprendimento automatico sono di grande valore.

Finora non abbiamo parlato dei linguaggi di programmazione e degli approcci utilizzati dagli sviluppatori per codificare e creare le loro applicazioni di apprendimento automatico. Questa sezione sarà solo una breve panoramica dei principali attori.

Python è di gran lunga il linguaggio più popolare per la creazione di applicazioni di apprendimento automatico. È anche il linguaggio preferito nei sondaggi degli sviluppatori sull'apprendimento automatico. Gran parte del successo di Python è la sua semplicità rispetto ad altri linguaggi di programmazione. Inoltre, la libreria open source di Google di algoritmi di apprendimento automatico, TensorFlow, è basata su Python. Le risorse e la community sono forti per le applicazioni di apprendimento basate su Python.

Java e C / C ++ seguono Python con un ampio margine di popolarità. Sono linguaggi meno recenti e consentono l'ottimizzazione di livello inferiore dell'ambiente in cui verrà eseguito l'algoritmo. Java e C / C ++ vengono utilizzati in molte applicazioni, non solo nell'apprendimento automatico. Ciò significa che ci sono molti sviluppatori là fuori che capiscono questi linguaggi. Esistono alcune librerie di apprendimento automatico per questi linguaggi, sebbene nulla sulla scala di TensorFlow.

R è un altro linguaggio di programmazione che spesso entra nella conversazione di apprendimento automatico. È un linguaggio specializzato progettato per applicazioni di data science. Mentre R ha sicuramente il suo posto nell'apprendimento automatico, è raro che un progetto scelga R come linguaggio principale o preferito. Invece, è più di un linguaggio complementare a quelli sopra elencati.

Naturalmente, è possibile scrivere un codice di apprendimento automatico in molti linguaggi diversi. Esistono altri linguaggi specializzati in determinate aree della statistica, della scienza dei dati o della modellistica. Julia, Scala, Ruby, Octave, MATLAB e SAS sono tutte opzioni che occasionalmente ricorrono in progetti di apprendimento automatico. Tuttavia, questi linguaggi sono le eccezioni piuttosto che la regola.

STATICO VS DINAMICO

Dopo aver scelto un linguaggio di programmazione e installato una libreria per aiutarti ad implementare gli algoritmi che desideri eseguire, sei pronto per iniziare ad addestrare i tuoi algoritmi.

Esistono due tipi di addestramento nell'apprendimento automatico. Il primo è l'addestramento statico che riceve addestramento offline e quindi termina l'apprendimento fino a quando i data scientist iniziano una nuova sessione di addestramento. Il secondo è una formazione dinamica in cui il modello continua a imparare in produzione, a tempo indeterminato.

I modelli statici sono molto più facili da costruire. Sono anche più facili da verificare per l'accuratezza e tendono ad incorrere in un minor numero di problemi nella distribuzione. Se i dati non cambiano nel tempo o cambiano molto lentamente, un modello statico è la strada da percorrere poiché è più economico e più facile da mantenere.

I modelli dinamici richiedono molto più lavoro per essere implementati. Richiedono inoltre un monitoraggio costante dei dati in arrivo per assicurarsi che il modello non venga distorto in modo inappropriato. Poiché i modelli dinamici si adattano al cambiamento dei dati, sono migliori per prevedere cose come mercati o condizioni meteorologiche, in cui i modelli sono costantemente in flusso.

OTTIMIZZAZIONE E INGEGNERIA DELLE FUNZIONALITÀ

Il lavoro di un data scientist non si limita a scegliere una manciata di algoritmi e lasciarli correre. Per ottenere prestazioni ottimali, la persona che sta programmando l'algoritmo deve impostare i parametri di input che verranno inseriti nell'algoritmo. Poiché i problemi di apprendimento automatico sono spesso complessi, può essere difficile decidere quali parametri sono rilevanti e quanti parametri includere.

Provare diverse combinazioni di parametri e perfezionare il miglior mix è noto come tuning dell'algoritmo. Nessuna risposta è assolutamente corretta. Invece, ogni processo di ottimizzazione è una questione di abbinamento dell'algoritmo al contesto in cui viene distribuito.

Un altro concetto correlato all'ottimizzazione è l'ingegneria delle funzionalità. A volte, come nel caso del riconoscimento delle immagini, alimentare un computer con un flusso di dati non è sufficiente per dare un senso a ciò che sta vedendo. Mentre l'apprendimento profondo e le reti neurali hanno fatto progressi sul fronte dell'apprendimento dei computer dalle immagini, l'ingegnerizzazione delle funzionalità è un modo pratico per dire a un computer cosa cercare. È possibile progettare una funzione che aiuta un computer a identificare una linea retta o il bordo di un oggetto. Dal momento che tale funzione è stata codificata manualmente, non è tecnicamente apprendimento automatico, ma ora la macchina sa cosa cercare.

Le funzionalità di ingegneria possono aumentare notevolmente le prestazioni.

Lancio Di Un Algoritmo

Se tutto va bene, il risultato è un modello che ha imparato a fare previsioni, cluster o classificazioni accurate nei dati.

Tuttavia, il lato oscuro dell'apprendimento automatico sono gli algoritmi che non funzionano. C'è molto tempo e denaro investito nelle applicazioni di apprendimento automatico in questo momento. Sfortunatamente, molte di queste applicazioni finiranno per rivelarsi un vero disastro.

Forse gli algoritmi sono stati scelti male o implementati in modo non adeguato. Più probabilmente, il progetto non ha abbastanza dati o il giusto tipo di dati per avere successo. È sottostimata la frequenza con cui i progetti di apprendimento automatico falliscono.

La cosa frustrante è che può essere difficile capire perché il tuo progetto sta fallendo. Potresti avere tonnellate di dati e testare e ottimizzare molti algoritmi senza risultati. Ciò è particolarmente vero con problemi complessi o algoritmi che implementano reti neurali multistrato o foreste casuali. È difficile dire dove le cose sono andate male. A volte, i data scientist investono molto tempo in un progetto, solo per scoprire che devono buttare via tutto e ricominciare da capo con più dati, dati nuovi o diversi.

Potrebbe sembrare una strana sezione da includere in un libro così ottimista sull'apprendimento automatico. Tuttavia, penso che sia importante sottolineare il fatto che ci sono ancora molte cose che non sappiamo sulla creazione e l'utilizzo di progetti di machine learning. I progetti falliscono continuamente e risolverli è difficile. Questa è una realtà importante dell'apprendimento automatico. È fondamentale riconoscere che solo perché un modello di apprendimento automatico produce una risposta non significa che sia sempre giusto o incontrovertibile.

Dovremmo rispettare e ammirare l'apprendimento automatico come strumento. Ma alla fine, è proprio questo: uno strumento.

Capitolo 5. Applicazioni Nel Mondo Reale Dell'apprendimento Automatico

Ora che hai una conoscenza di base su come funziona l'apprendimento automatico, è interessante dare un'occhiata agli esempi quotidiani di apprendimento automatico che potresti non aver nemmeno riconosciuto.

Trasporti

Quando apri Google Maps per ottenere indicazioni stradali, stai utilizzando un modello di apprendimento automatico dinamico. Utilizza i dati anonimi dei telefoni cellulari dei conducenti nella tua zona per ottenere i tempi di viaggio per vari percorsi. Il modello integra anche i dati di Waze su chiusure stradali, incidenti e altri rapporti degli utenti. Insieme, il modello prevede il percorso più veloce e l'orario di arrivo stimato sulla base di informazioni in tempo reale.

Lyft e Uber si basano su questi dati con i propri algoritmi di machine learning che guidano i prezzi dinamici e il calcolo delle tariffe. Ti fanno anche sapere quando aspettarti un autista e quando è probabile che arrivi a destinazione, anche tenendo conto della raccolta e del routing di altre persone nel caso delle opzioni di carsharing Uber Pool o Lyft Line.

Gli stessi calcoli di routing, logistica e arrivo si applicano anche ai trasporti su camion a lunga distanza, alle spedizioni e persino alla navigazione aerea. I modelli aiutano a prevedere il modo più veloce e sicuro per trasportare merci e persone massimizzando l'efficienza.

Prodotti Consigliati

Fondamentalmente ogni volta che un'azienda ti consiglia online, puoi supporre che un algoritmo di apprendimento automatico abbia contribuito a fare tale previsione. Amazon sa quali prodotti potrebbero interessarti in base a ciò che hai guardato e acquistato in precedenza. Netflix sa quali film ti piacerebbero perché impara da tutti i film che hai visto in precedenza.

Customers who bought this item also bought

Mastering Bitcoin for
Starters: Bitcoin and
Cryptocurrency...
› Alan T. Norman
⭐⭐⭐⭐☆ 166
Kindle Edition
$0.99

Blockchain Technology
Explained: The Ultimate
Beginner's Guide About...
› Alan T. Norman
⭐⭐⭐⭐☆ 76
#1 Best Seller in
Virtualization
Kindle Edition
$0.99

Questo va oltre il semplice servizio di consigli personalizzati, si applica anche alla pubblicità. Facebook conosce moltissimi dati personali su di te e li utilizza per personalizzare quali annunci pubblicitari mostrare. Lo stesso si può dire per YouTube, Twitter, Instagram e tutti gli altri social media.

Inoltre, Google utilizza le tue informazioni personali per personalizzare i risultati che ricevi quando effettui una ricerca. Ad esempio, è più probabile consigliare attività commerciali locali nella tua città o articoli da siti Web o scrittori che hai già visitato. Simile ai social media, Google sta anche personalizzando i suoi annunci per te. Non mi credi? Effettua una ricerca su Google nel browser, quindi esegui la stessa ricerca in una finestra di navigazione in incognito nel browser (elimina i cookie e le informazioni di accesso). Per la maggior parte delle ricerche, in particolare per gli argomenti su cui hai effettuato ricerche in precedenza, vedrai che otterrai risultati diversi.

Anche l'apprendimento automatico di persona cambierà il modo in cui acquistiamo i prodotti. I principali rivenditori stanno guardando le applicazioni di visione artificiale che identificano ciò che hai già nel carrello e possono formulare consigli per gli acquisti. Altri sistemi stanno usando il riconoscimento facciale per identificare quando i clienti sono persi o confusi e possono avvisare un dipendente per aiutare. Questi sistemi sono ancora agli inizi, ma rappresentano i modi in cui l'apprendimento automatico si integra con ogni aspetto della vita, comprese le interazioni uomo-uomo.

FINANZA

Ogni grande banca utilizza l'apprendimento automatico per semplificare le proprie operazioni. Nella tecnologia normativa, gli algoritmi di apprendimento automatico possono aiutare le banche ad identificare se i loro processi e la documentazione sono conformi agli standard governativi. Altri algoritmi di apprendimento automatico prevedono le tendenze del mercato o forniscono approfondimenti sugli investimenti.

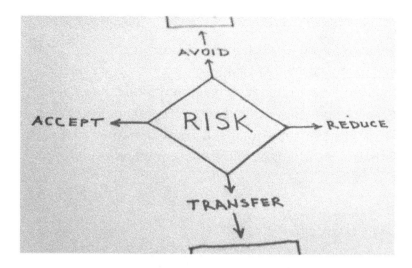

Per le domande di prestito o le linee di credito, l'apprendimento automatico può aiutare le banche a prevedere il rischio di prestito ad un determinato cliente. Questi modelli possono quindi suggerire termini e tariffe personalizzati per il richiedente. Nel settore bancario, il riconoscimento dei caratteri basato sull'apprendimento automatico consente di depositare un assegno utilizzando la fotocamera dello smartphone. L'apprendimento automatico può anche rilevare e impedire la cancellazione di transazioni fraudolente sul tuo account.

ASSISTENTI VOCALI, CASE INTELLIGENTI E AUTOMOBILI

Device simili a Siri e Alexa fanno affidamento sull'apprendimento automatico per comprendere e rispondere al linguaggio umano. L'IA conversazionale è all'avanguardia dell'apprendimento automatico e della formazione delle reti neurali. Siamo diventati abbastanza bravi nel riconoscimento vocale e nel rispondere a domande di base come "Che tempo farà oggi?" La prossima sfida è ottenere un'intelligenza artificiale conversazionale in grado di parlare di musica, letteratura, attualità o altre idee complesse.

Il ruolo della voce continuerà ad espandersi nei prossimi anni man mano che arriveremo a fare sempre più affidamento sui nostri assistenti personali. Ciò è particolarmente potente se combinato con il movimento verso case intelligenti e veicoli autonomi. È possibile immaginare un futuro in cui si potrà controllare in modo intuitivo ogni aspetto della casa e dei trasporti parlando con un assistente vocale. A loro volta, ciascuno di questi sistemi - come termostati intelligenti, sistemi di sicurezza intelligenti e auto autonome - utilizza i propri algoritmi di apprendimento automatico per eseguire le attività richieste.

Conclusioni

Naturalmente, ci sono tonnellate di altri casi d'uso per l'apprendimento automatico in sanità, produzione, agricoltura e in qualsiasi altra parte della nostra vita. L'apprendimento automatico è utile ovunque ci siano dati e abbiamo bisogno di aiuto per comprendere, prevedere o utilizzare tali dati.

L'apprendimento automatico è potente e continuerà a guadagnare importanza nella nostra vita quotidiana. Pertanto, è importante che tutti abbiano una conoscenza di base di come funziona, i potenziali difetti e le enormi opportunità. Speriamo che questa rapida guida per principianti abbia fornito una solida base per i profani interessati alle basi.

Detto questo, c'è molto di più nell'apprendimento automatico che non è trattato in questo libro! Ci sono grandi risorse disponibili online e in formato cartaceo per espandere ulteriormente la tua conoscenza di questa importante tecnologia. Spero che questo sia solo l'inizio del tuo percorso sull'apprendimento automatico.

Grazie per aver letto.

Informazioni Sull'autore

Alan T. Norman è un hacker orgoglioso, esperto ed etico della città di San Francisco. Dopo aver conseguito una laurea in Scienze presso la Stanford University, Alan ora lavora per un'azienda di tecnologia informatica di medie dimensioni nel cuore di SFC. Aspira a lavorare per il governo degli Stati Uniti come hacker per la sicurezza, ma adora anche insegnare agli altri il futuro della tecnologia. Alan crede fermamente che il futuro dipenderà fortemente dai "fanatici" dei computer sia per la sicurezza che per i successi delle aziende e dei lavori futuri. Nel suo tempo libero, adora analizzare e controllare tutto sul gioco del basket.

LIBRO BONUS BITCOIN WHALES

TROVA IL LINK AL LIBRO BONUS QUI SOTTO

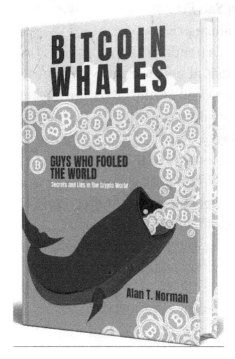

Link al libro: http://bit.ly/2LprwpV

ALTRI LIBRI DI ALAN T. NORMAN:

MASTERING BITCOIN FOR STARTERS.

CRYPTOCURRENCY INVESTING BIBLE.

BLOCKCHAIN TECHNOLOGY EXPLAINED

HACKING: COMPUTER HACKING BEGINNERS GUIDE.

HACKING: HOW TO MAKE YOUR OWN KEYLOGGER IN C++ PROGRAMMING LANGUAGE.

HACKED: KALI LINUX E WIRELESS HACKING ULTIMATE GUIDE.

Un'ultima cosa...

Ti è piaciuto il libro?

Se è così, allora fammelo sapere lasciando una recensione su AMAZON! Le recensioni sono la linfa vitale degli autori indipendenti. Gradirei anche qualche parola di commento e una valutazione se hai un po' di tempo.

Se non ti è piaciuto questo libro, allora dimmelo! Mandami una email a alannormanit@gmail.com e fammi sapere cosa non ti è piaciuto! Forse posso cambiarlo. Nel mondo di oggi un libro non deve essere stagnante, può migliorare con il tempo e grazie al feedback di lettori come te. Puoi avere un impatto su questo libro e accolgo con favore il tuo feedback. Aiuta a rendere questo libro migliore per tutti!